全国职业院校智能网联汽车新形态工作手册式教材
全国技工院校智能网联汽车工学一体化教材

智能网联汽车电气设备检修习题册

主　编　吴勤燕

中国劳动社会保障出版社

简介

本书是全国职业院校智能网联汽车新形态工作手册式教材 / 全国技工院校智能网联汽车工学一体化教材《智能网联汽车电气设备检修》的配套用书。习题册内容紧扣教材的教学要求，注重基础知识的巩固和基本能力的培养，知识点分布均衡，题型丰富，难易适当，有助于学生复习巩固所学知识。

本书由吴勤燕任主编，邢亚林、韩博砚参与编写。

图书在版编目（CIP）数据

智能网联汽车电气设备检修习题册 / 吴勤燕主编 . -- 北京：中国劳动社会保障出版社，2024

全国职业院校智能网联汽车新形态工作手册式教材 . 全国技工院校智能网联汽车工学一体化教材

ISBN 978-7-5167-6402-2

Ⅰ. ①智… Ⅱ. ①吴… Ⅲ. ①汽车 - 智能通信网 - 电气设备 - 车辆修理 - 高等职业教育 - 习题集 Ⅳ. ①U463.67-44

中国国家版本馆 CIP 数据核字（2024）第 082509 号

中国劳动社会保障出版社出版发行

（北京市惠新东街 1 号 邮政编码：100029）

*

保定市中画美凯印刷有限公司印刷装订 新华书店经销

787 毫米 ×1092 毫米 16 开本 4.75 印张 73 千字

2024 年 4 月第 1 版 2024 年 4 月第 1 次印刷

定价：12.00 元

营销中心电话：400-606-6496

出版社网址：http://www.class.com.cn

http://jg.class.com.cn

版权专有 侵权必究

如有印装差错，请与本社联系调换：（010）81211666

我社将与版权执法机关配合，大力打击盗印、销售和使用盗版图书活动，敬请广大读者协助举报，经查实将给予举报者奖励。

举报电话：（010）64954652

Contents 目录

情境一　汽车电路检修……1

任务一　串并联电路搭建及测量……1
任务二　混联电路搭建及测量……5
任务三　熔断器及继电器选配与检测……8
任务四　汽车电路故障检修……12
任务五　辅助蓄电池检查与更换……18

情境二　照明与信号系统检修……23

任务六　前照灯检查与调整……23
任务七　转向灯故障检修……27
任务八　制动灯故障检修……30
任务九　后部灯光总成检查与更换……33

情境三　辅助电气系统检修……39

任务十　雨刮系统故障检修……39
任务十一　组合仪表检测与更换……42
任务十二　无钥匙进入系统故障检修……46
任务十三　电动车窗故障检修……50
任务十四　低速提示音系统故障检修……54

综合试卷（一）……58
综合试卷（二）……65

情境一
汽车电路检修

任务一　串并联电路搭建及测量

一、填空题

1. 电路是指用__________将各电气元件按一定方式连接起来，构成的使__________流通的通路。

2. 电路一般由__________、__________、__________、导线等组成。

3. 为电路提供电能的装置称为电源。电源将其他形式的能（如__________、__________等）转换为电能，并向电路提供能量。

4. 负载即用电器，是将电源中的电能转换为__________、__________和__________等其他形式能量的元器件。

5. 电路图是采用国家规定的元器件____________和____________代替实物，详细表示电路的基本组成、连接关系和工作原理，而不考虑其实际安装位置的一种图形。

6. 电路中包括________、________和________三个主要参数，又称电学三要素。

7. 电压不仅有大小，而且有方向，电压的方向规定为由______________端指向________________端，即电位降低的方向。

8. 并联电路干路总电流的公式为______________________。

二、选择题

1. 下列选项中，图形符号错误的是（　　）。

A. 灯泡　　　　　　　　　　　　B. 喇叭

C. 电阻　　　　　　　　　　　　D. 电动机

2. 使用数字式万用表测量电阻时，一般选用（　　）挡位。

A. A⎓　　　　B. V⎓　　　　C. 二极管挡　　　　D. Ω

3. 电流有直流电流和交流电流两种形式，方向不随时间变化而变化的电流称为直流电流，用字母“（　　）”表示。

A. DC　　　　B. AC　　　　C. FC　　　　D. EC

4. 下列选项中，不能直接接在电源两端的是（　　）。

A. 用电器　　　　B. 电压表　　　　C. 电流表　　　　D. 电阻器

三、判断题

1. 串联电路中只要有一个元器件损坏，整个电路就会断开。（　　）

2. 通过测量并分析电路中的电压、电流和电阻，就可以判断出电路的类型和故障原因。（　　）

3. 万用表分为两种，一种是指针式万用表，另一种是数字式万用表。目前应用较多的是数字式万用表。（　　）

4. 指针式万用表利用一个在所测数值相关刻度上摆动的弹簧指针来显示所测数据，所测数据与表内已知数据相对照得到测量结果，并反映在表盘上，其特点是能够直观地反映出所测数值的大小并进行对比，其测量结果更精确。（　　）

5. 在电路中，当电流流过用电设备后，其用电设备两端的电压也称为电压降。（　　）

6. 电阻值小，表示导体对电流的阻碍作用大；电阻值大，表示导体对电流的阻碍作用小。（　　）

7. 并联电路中，电流的分配与电阻成反比。（　　）

8. 测量电阻时，如果量程选得过小，数字式万用表的显示屏上会显示“0”，此时应换较大的量程进行测量。（　　）

四、名词解释

1. 串联电路

2. 并联电路

3. 电压

4. 电流

五、简答题

1. 简述串联电路的特点。

2. 简述电流的测量方法。

3. 简述电阻的测量方法。

任务二　混联电路搭建及测量

一、填空题

1. 混联电路就是在电路连接中既有__________又有__________的电路。

2. 两个电阻并联后再与另一个电阻串联，电路的总电压为____________________。两个电阻串联后再与另一个电阻并联，电路的总电压为__________________________。

3. 如果两个电阻并联，且 $R_1:R_2=2:3$，在电阻两端加一定电压，那么对应电流之比 $I_1:I_2=$________。

4. 混联电路中干路电流等于各支路电流之和。两个电阻并联后再与另一个电阻串联，电路总电流为__________________________。两个电阻串联后再与另一个电阻并联，电路总电流为______________________________。

二、选择题

1. 在先并后串的混联电路中，电压分配满足串联电路的分压规律，各部分电路两端的电压跟它的电阻成（　　）关系。

A. 正比　　B. 反比　　C. 等于　　D. 以上都不对

2. 在先串后并的混联电路中，电流分配满足并联电路的分流规律，通过各支路电路的电流跟它的电阻成（　　）关系。

A. 正比　　B. 反比　　C. 等于　　D. 以上都不对

3. 根据混联电路连接方式和串、并联电路电阻特点分析混联电路电阻时，可采用（　　）法。

A. 等效电压　　B. 等效电阻　　C. 等效电流　　D. 以上都不对

4. 并联电路的特点是（　　）。

A. 其中一个负载损坏时，不影响其他负载的正常工作

B. 其中一个负载损坏时，影响其他负载的正常工作

C. 汽车电路中大多采用串联电路

D. 以上都对

5. 以下四个电路图中，与下面实物图对应的是（　　）。

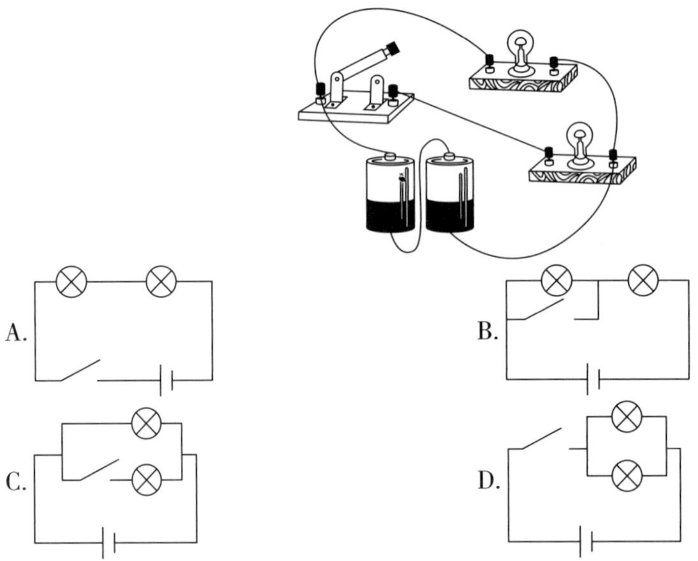

6. 以下四个电路图中，开关能使 L1、L2 两盏灯同时发光和熄灭的是（　　）。

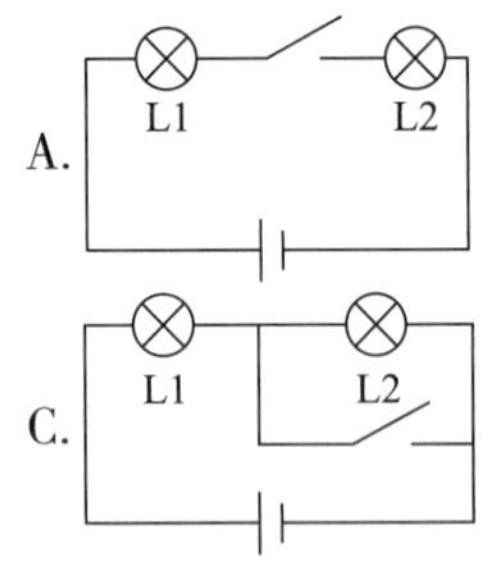

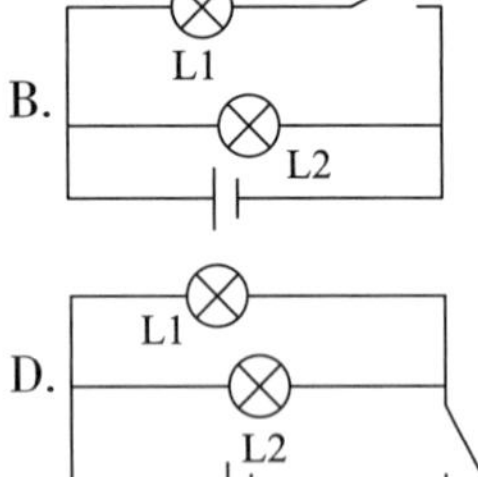

三、判断题

1. 整个智能网联汽车的控制电路就相当于一个大型的混联电路。（　　）

2. 搭建混联电路可采用“先并后串”或“先串后并”的连接方式。（　　）

3. 混联电路中支路电流等于各干路电流之和。（　　）

4. 回路中的电阻不论有多少，都可以等效为一个电阻，而不影响原回路两端的电压和回路中电流的变化。（　　）

5. 几个连接起来的电阻所起的作用，可以用一个电阻来代替，这个电阻就是那些电阻的等效电阻。（　　）

四、简答题

1. 简述绘制简化的电路图时应遵循的原则。

2. 简述下图所示混联电路的搭建步骤。

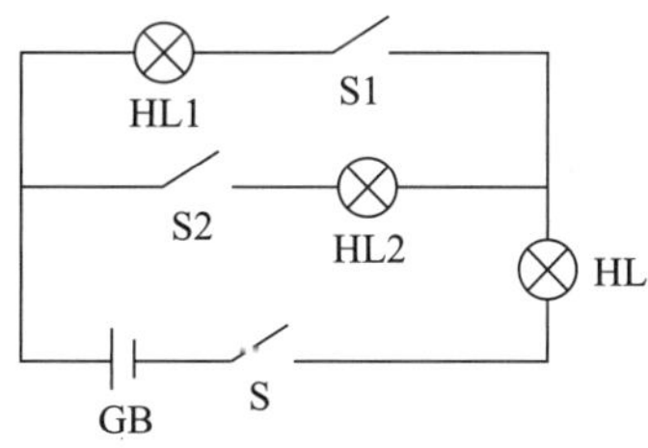

任务三　熔断器及继电器选配与检测

一、填空题

1. 欧姆定律是反映电路中__________、__________和__________三者关系的基本定律，是德国物理学家________在 19 世纪初期经过大量实验得出的一条关于电路的重要定律。

2. 熔断器俗称__________，在电路中起过载保护作用，当电路中的电流强度达到某个预定值时，熔断器__________而使内部熔丝熔断，从而切断电路，防止因电流过大烧坏____________________和____________________。

3. 熔断器由__________、__________、__________三部分组成。不同的熔断器上会标识不同的________________，这也代表着熔断器的不同型号。

4. 一般按照“用电器工作电流占熔断器额定电流的__________%”原则选择熔断器。

5. 继电器主要由__________、__________、__________、__________、__________等部件组成。继电器电路由利用__________工作的__________电路和利用__________工作的________电路两部分组成。

6. 电功率反映了________、________、________三者之间的关系，其关系公式为________________。

7. 继电器的种类很多，按照端子数量可分为______________、______________、______________等。

二、选择题

1. 为了防止发生线路烧蚀或用电设备烧坏的故障，控制电路中必须设置电路保护装置。下面属于电路保护装置的是（　　）。

A. 熔断器　　B. 易熔线　　C. 断电器　　D. 以上都对

2. 灰色插片式熔断器的额定电流为（　　）A。

A. 1　　B. 2　　C. 3　　D. 4

3. 某电路中用电器的工作电流为 12 A，则应选用额定电流为（　　）A 的熔断器。

A. 10　　B. 12　　C. 15　　D. 20

4. 在汽车中电流的磁效应应用非常广泛，下列元器件中没有运用电流的磁效应的是（　　）。

A. 点火线圈　　B. 喇叭　　C. 继电器　　D. 起动机

5. 熔断器根据外形的不同可分为插片式熔断器和（　　）。

A. 线状熔断器　　B. 管状熔断器　　C. 条状熔断器　　D. 环状熔断器

6.（　　）属于继电器按照触点接触形式的分类。

A. 常开继电器　　B. 常闭继电器

C. 常开常闭混合型继电器　　D. 以上都对

三、判断题

1. 当电压一定时，导体的电阻增加到原来的几倍，则导体中的电流就减小为原来的几分之一，这反映了电压一定时，导体中的电流跟导体的电阻成反比例关系。（　　）

2. 在某些情况下，电路中有可能出现较大的电流，如果没有任何保护装置，一旦电路中的工作电流超过所设计的负荷，就有可能发生线路烧蚀或用电设备烧坏的故障。（　　）

3. 熔断器可以保护整个电路，但不可以保护电路的每一支路。 （ ）

4. 由于车型不同，熔断器盒的安装位置也不同，通常安装在驾驶室踏板附近、仪表台两侧、蓄电池附近。 （ ）

5. 使用万用表电阻挡检测断电状态下熔断器的电阻值时，正常值应为∞，否则表明熔断器损坏，应更换。 （ ）

6. 可使用万用表的蜂鸣挡判断熔断器是否熔断，若未发出蜂鸣声，则说明熔断器的熔断体已熔断。 （ ）

7. 选择的熔断器应与其连接的导线合理匹配，不宜过大或过小，若选择的熔断器过大，当线路发生过载时，最先熔断的将是熔断器。 （ ）

四、名词解释

1. 欧姆定律

2. 电功率

3. 电流的磁效应

五、简答题

1. 简述熔断器的检测方法。

2. 简述继电器的工作原理。

3. 简述继电器故障的检查方法。

任务四　汽车电路故障检修

一、填空题

1. 汽车电路一般由__________、__________、__________、__________和__________等组成。

2. 为电路提供所需电能的装置称为__________，它的作用是将______________________________转换为电能，并向电路提供能量。

3. 汽车中大电流的用电设备工作时电路电流较大，为保护控制开关，通常需要加装__________，用__________控制大电流，减小控制开关的电流负荷，以保护电路中的控制开关。

4. 连接器分为__________和__________两部分，一般将__________与元器件在内部进行连接，集成一体。

5. 汽车电路按其用途不同可分为__________、__________、__________、__________、__________、__________、__________等。

6. 电源电路由__________、__________、电压调节器和工作情况显示装置等组成，其主要任务是对全车所有用电设备____________________。

7. 启动电路由__________、______________、____________及启动保护装置等组

成，其主要任务是将发动机由______________转变为自行运转状态。

8. 空调控制电路由______________、______________、_____________及______________等组成，其主要任务是____________________________________，以满足乘员舒适度的要求。

9. 仪表信息系统电路由_________、_________、_________、_________及控制器等组成，其主要任务是控制各种仪表的_________及报警。

10. 照明与信号电路由_______、_______、_______、_______、_________、_________等及其控制继电器和开关组成，其主要任务是_______________________________________。

11. 辅助电器电路由各种___________及___________和开关等组成，其主要任务是根据需要控制各种辅助电器的___________和___________。

12. 常见的汽车电路图主要有____________、__________、______________。

13. 剥线钳是用来_____________________________的工具，还可以用来剪切导线。

二、选择题

1. 汽车上的负载众多，下列选项中不属于汽车负载的是（　　）。

A. 喇叭　　B. 灯泡　　C. 电机　　D. 发电机

2. 下列选项中属于汽车电路控制装置的是（　　）。

A. 灯光组合开关　　B. 继电器　　C. 熔断器　　D. 插接器

3. 汽车电路发生短路相当于电源未经过负载而直接由导线接通成（　　）。

A. 开合回路　　B. 开合通路　　C. 闭合回路　　D. 闭合通路

4.（　　）可能造成电池烧毁甚至火灾。

A. 电源短路　　B. 电器短路　　C. 负载短路　　D. 控制器短路

5. 在新能源汽车电路中，如果开关被短路，则（　　）。

A. 负载会因为电压过高，直接烧坏

B. 可能导致负载始终处于工作状态

C. 会导致电源正极与负极直接导通，烧蚀熔断器

D. 可能导致信号错误，系统无法正常工作

6. 下列选项中属于电路中出现断路故障原因的是（　　）。

A. 电路闭合开关损坏　　B. 导线未连接好

C. 用电器损坏或未正确安装　　D. 以上都对

7. 下列选项中属于汽车电路故障的检测方法的是（　　）。

A. 电压检测法　　B. 电流检测法

C. 电阻检测法　　D. 以上都对

8. 下列选项中不属于汽车电路检修工具的是（　　）。

A. 千分表　　B. 免破线工具　　C. 探针　　D. 测电笔

9. 在新能源汽车电路中，会造成负载无法工作的故障是（　　）。

A. 导线断裂或熔断器熔断　　B. 开关触点无法接触

C. 继电器触点无法接触　　D. 以上都对

三、判断题

1. 汽车电源包括蓄电池和发电机。（　　）

2. 若需将两根导线连接在一起，应将导线连接好后缠裹绝缘胶布或使用热缩管等绝缘材料。（　　）

3. 汽车电路原理图是为方便掌握汽车电路系统和故障检修而绘制的。（　　）

4. 汽车电路故障主要出现在导线、熔断器、继电器或控制单元等易损元器件上，其故障主要形式有短路、断路或虚接等。（　　）

5. 虚接时，导线与导线之间接触不良引起电阻过小，致使电压下降或不稳定，负载无法正常工作或信号线信号传输错误。（　　）

6. 若负载供电端子电压为 0 V，则供电电路存在短路。（　　）

7. 使用电阻检测法检测汽车电路故障时，允许测量带电元器件电阻值。（　　）

8. 在测电笔负极与车身搭铁接触后，将测试探头接入待测电路的测量位置，若氖泡亮度微弱则电路可能存在虚接。 （　　）

9. 使用免破线工具刺破导线绝缘层后，需要使用绝缘胶带对破线处进行包裹，防止短路。 （　　）

10. 在插拔连接器时不允许手持连接器壳体，必须手持线束。断开连接器之前应先解除锁止机构。 （　　）

四、名词解释

1. 汽车电路

2. 负载

3. 汽车电路图

4. 部分电路短路

五、简答题

1. 简述汽车电路的特点。

2. 简述电路图的拆画步骤。

3. 简述使用电阻检测法检测汽车电路故障的方法。

4. 简述汽车线束的接线方法。

5. 简述汽车线束的换线方法。

任务五　辅助蓄电池检查与更换

一、填空题

1. 辅助蓄电池的作用主要是给______________________________供电，一般为________________电池。

2. 铅酸蓄电池是一种将___________转变为电能的装置，属于低压直流电源。在放电时，蓄电池能将_______转换为_______放出；在充电时，它又能将_______转换为_______储存起来。

3. 辅助蓄电池分为______________、______________和______________。

4. 辅助蓄电池型号一般由三部分组成，第一部分为______________，第二部分为___________、结构特征代号，第三部分为____________________。

5. 构成辅助蓄电池的主要部分有_______、_______、_______、接线柱、壳体等。

6. 辅助蓄电池工作原理的化学公式是______________________________。

7. 一个单格铅酸电池的标称电压是________V，能放电到________V，充电到________V；在应用中，经常用________个单格铅酸电池串联起来组成标称电压为12 V的铅酸电池，还可串并成________V、________V、48 V等规格。

8. 若蓄电池电解液接触到皮肤，应使用___________（如肥皂水）进行清洗。

9. 蓄电池充电时会产生_________，应在通风良好的地方对蓄电池进行充电。

10. 大多数免维护蓄电池在盖上设有一个孔形液体比重计，它会根据___________的变化而改变颜色，用来指示蓄电池的_______和电解液液位的_______。

二、选择题

1. 普通蓄电池的特点是（　　）。

A. 电压稳定、价格便宜、比能低（每千克蓄电池存储的电能低）、使用寿命短、日常维护频繁

B. 负极板有较高的储电能力，在完全干燥状态下，能在两年内保存所得到的电量

C. 使用时，只需加入电解液，等待 20 ~ 30 min 即可使用

D. 内阻小，低温启动性能好，使用寿命长

2. 6–QA–100 表示 6 个单体串联的额定容量为（　　）的干式荷电启动蓄电池。

A. 100 mA · h　　B. 100 A · h　　C. 100 A · mh　　D. 100 mA · mh

3. 在车上安装蓄电池时应（　　）。

A. 先接火线，再接搭铁线　　B. 随意接线

C. 先接搭铁线，再接火线　　D. 同时接搭铁线和火线

4. 通过免维护蓄电池观察窗看到绿色圆点，说明该电池（　　）。

A. 存电充足　　B. 存电不足　　C. 电池故障　　D. 不能确定

5. 下列选项中，关于蓄电池保养做法错误的是（　　）。

A. 保持蓄电池表面清洁

B. 保持电解液的液面高于极板 10 ~ 15 mm

C. 使蓄电池处于充满电的状态

D. 电解液的液面低时补充纯净水

6. 如果蓄电池电解液溅入眼内，应使用（　　）清洗。

A. 水　　B. 硫酸铅

C. 碳酸氢钠和水　　D. 海绵状铅

7. 某蓄电池在充电过程中，温度超过了 40 ℃，技师 A 说蓄电池过充电，充电电流应减小；技师 B 说热是正常的，不必在意。两人的说法中，（　　）。

A. 只有技师 A 说得对　　B. 只有技师 B 说得对

C. 技师 A 和技师 B 说得都对　　D. 技师 A 和技师 B 说得都不对

8. 普通蓄电池正极板的活性物质主要是（　　）。

A. 氧化铅　　B. 二氧化铅　　C. 海绵状铅　　D. 硫酸

三、判断题

1. 蓄电池的型号中，N 代表内燃机车用蓄电池。（　　）

2. 铅酸蓄电池接线柱主要用于外接用电及充电设备，分为正极和负极，正极一般用“+”号或黑色表示，负极一般用“-”号或红色表示。（　　）

3. 铅酸蓄电池电解液相对密度越高越好。（　　）

4. 电极板“硫化”故障后生发的硫酸铅晶粒比正常的硫酸铅粗大。（　　）

5. 发现电解液面过低时应及时添加标准电解液。（　　）

6. 配制电解液时，应将蒸馏水快速倒入浓硫酸中，不可搅拌。（　　）

7. 蓄电池的电压必须与汽车电气系统的额定电压一致。（　　）

8. 蓄电池的容量要小、电阻要大，以保证发动机能够安全启动。（　　）

9. 放电电流一定的情况下，温度降低则容量减小。（　　）

10. 适当提高电解液的密度，可加快电解液的渗透速度，提高蓄电池电动势。（　　）

11. 蓄电池长期不用时应将电解液倒出存放。（　　）

四、简答题

1. 简述辅助蓄电池的工作原理。

2. 简述辅助蓄电池的检查项目。

3. 简述检查辅助蓄电池电压的方法。

4. 简述辅助蓄电池的拆卸流程。

5. 简述辅助蓄电池的安装流程。

情境二
照明与信号系统检修

任务六　前照灯检查与调整

一、填空题

1. 前照灯可分为____________和____________。

2. 前照灯的组成部分包括________、________、________。

3. 按光学系统结构不同，前照灯可分为________________、________________和________________三种。

4. 配光镜又称______________，它由____________压制而成，由很多块特殊的________和_________组合而成，几何形状比较复杂，外形一般为______和______。

5. 前照灯的灯泡按照光源类型主要分为__________、__________、__________、________________等。

6. 如果需要进行前照灯光束高度调整，必须先将灯光开关拨到______挡位或______挡位。

二、选择题

1. 前照灯近光灯丝位于（　　）。

A. 焦点上方　　B. 焦点后方　　C. 焦点　　D. 焦点下方

2. 二灯制汽车前照灯的光束发光强度要求在（　　）cd 以上。

A. 10 000　　B. 12 000　　C. 15 000　　D. 18 000

3. 向灯泡中充入惰性气体即可制成（　　）。

A. 白炽灯　B. 卤素灯　C. 弧光灯　D. 氙气灯

4. 前照灯反射镜的作用是（　　）。

A. 防眩目　B. 使光亮度增强，照距更远

C. 使照射光形合理　D. 散热

5. 卤素灯和普通白炽灯相比优点很多，下列描述中错误的是（　　）。

A. 卤素灯的寿命是普通白炽灯的 2 ～ 3 倍

B. 卤素灯的亮度是普通白炽灯的 1.5 倍

C. 卤素灯的体积更小

D. 卤素灯的黑化比普通白炽灯更为严重

6. 更换卤素灯时，（　　）用手指接触灯泡的玻璃部位。

A. 可以　B. 不可以　C. 必须　D. 应小心地

7. 下列选项中不属于光源的是（　　）。

A. 白炽灯　B. 光敏二极管　C. 发光二极管　D. 卤钨灯

8. 下列选项中不属于防眩目措施的是（　　）。

A. 采用双丝灯泡　B. 设小灯、大灯

C. 采用非对称配光形式　D. 近光灯灯丝下方设配光屏

9. 下列选项中需闭合点火开关才有可能点亮的灯是（　　）。

A. 远光灯　B. 制动灯　C. 转向灯　D. 以上都不对

10. 能将反射光束折射，使光形分布更适宜的汽车照明器件是（　　）。

A. 反射镜　B. 配光镜　C. 配光屏　D. 都不对

11. 下列选项中发光原理与其他不同的是（　　）。

A. 白炽灯　B. 卤素灯　C. 双丝灯　D. 氙气灯

12. 灯丝烧断后，必须更换整个前照灯总成的是（　　）。

A. 可拆式前照灯　B. 半封闭式前照灯　C. 封闭式前照灯　D. 氙气灯

13. 近光灯不亮的故障原因可能是（　　）。

A. 前照灯熔断器损坏　B. 灯光开关损坏

C. 近光灯继电器损坏　D. 以上都对

14. 汽车前照灯一侧亮、另一侧暗，说明（　　）。

A. 变光开关接触不良　　B. 灯暗的一侧搭铁不良

C. 车灯开关故障　　D. 以上都对

15.（　　）灯丝应安装在反射镜的焦点上。

A. 远光灯　　B. 近光灯

C. 近光灯和远光灯　　D. 以上都不对

三、判断题

1. 只有在近光灯亮时，雾灯电路才能接通。（　　）

2. 配光镜的作用是将灯泡发出的光线聚合成强光束，以增加照射距离。（　　）

3. 超车灯开关可以切换远光和近光，有脚踏变光开关和组合开关两种。（　　）

4. 前照灯应能使驾驶员看清车前 100 m 或更远距离路面上的任何障碍物。（　　）

5. 车辆出厂时，前照灯的照射宽度和照射高度已经被设置好，通常情况下车辆的前照灯左右照射高度是不一样的，一般右边比左边高一些。（　　）

6. 卤素灯发热量最大，氙气灯次之，LED 灯发热量最少，发热对灯罩的老化速度有影响，经常清洁车灯外表面有助于减缓车灯的老化过程。（　　）

四、简答题

1. 简述前照灯光束调整、防眩目和发光强度的具体要求。

2. 简述前照灯的使用注意事项。

3. 简述前照灯功能检查的步骤。

4. 简述前照灯调整的注意事项。

5. 简述前照灯的调整流程。

任务七　转向灯故障检修

一、填空题

1. 转向灯的作用是在________、________、________、超车时，发出明暗交替的______________，给前后车辆、行人提供行车信号。

2. 转向灯电路主要由__________、__________、__________及__________组成。

3. 常见的闪光器有__________、__________、__________三类，其中________应

用最广。

4. 转向灯配备的工作指示器，可以是__________或__________，也可以两者兼有。

5. 转向灯闪光频率为________次 /min，启动转向灯开关后，应在不大于________s 时间内发光，并在__________s 内首次熄灭。

二、选择题

1. 转向灯闪光频率一般为（　　）次 /min。

A. 60 ～ 120　　B. 45 ～ 60　　C. 100 ～ 120　　D. 40 ～ 80

2. 转向灯光色均采用（　　），其开关独立于其他灯具。

A. 红色　　B. 琥珀色　　C. 白色　　D. 黄色

3. 转向信号灯的指示距离为：前、后转向灯白天距 ________m 以外可见，侧转向灯白天距 ________m 以外可见。（　　）

A. 100、20　　B. 100、30　　C. 90、20　　D. 90、30

4. 下列选项中说法错误的是（　　）。

A. 若一侧的转向灯烧坏，则其转向指示灯闪烁变慢

B. 电喇叭的工作电流大，则其发出的音量也大

C. 当危险警告信号开关闭合时，所有转向灯同时闪烁

D. 倒车开关一般安装在变速器上

三、判断题

1. 进环岛时不打转向灯，出环岛时打右转向灯。（　　）

2. 危险警告信号与转向灯共用一个熔断器。（　　）

3. 转向灯的闪烁频率为 60 ～ 90 次 /min。（　　）

4. 危险警告信号与转向灯可以同时工作。（　　）

5. 转向灯的闪光信号应使人和车辆在距车 35 m 以外能看清楚。（　　）

6. 危险警告信号不能仅采用电子式开关，还应能通过单独配置的手动开关打开各转向信号灯并同步闪烁。（　　）

四、简答题

1. 简述转向灯的位置。

2. 简述转向灯电路的工作原理。

3. 常见的转向灯和危险警告信号故障有哪几种情况？简述其检修思路。

4. 简述更换前部转向灯的步骤。

任务八　制动灯故障检修

一、填空题

1. 制动灯多为__________，一般与________共用双灯丝灯泡，功率为________W左右。

2. 制动开关的类型有________________、________________、______________、________________________。

3. 磁电式制动开关利用__________原理工作。

4. 9 座以下客车两侧制动灯的水平方向角为车辆纵轴线左、右各________，垂直方向角为上、下各________；对于高位制动灯，其水平方向角为车辆纵轴线的左、右各________，垂直方向角为水平面上________、水平面下________。

5. 9 座以下客车两侧制动灯的离地高度应不小于________mm 且不大于________mm。对于高位制动灯，与其视表面下边缘相切的水平面应不低于与后玻璃下边缘相切的水平面________mm，或其离地高度不小于________mm。

6. 制动灯的常见故障主要有：________________________；________________；________________________；________________。

二、选择题

1. 制动灯的颜色是（　　）。

A. 黄色　　B. 橙色　　C. 红色　　D. 白色

2. 检查制动灯开关及其线束时需要（　　）。

A. 踩下制动踏板　　B. 将万用表调整到直流电流挡

C. 打开灯光开关　　D. 以上都不对

3. 制动开关的位置在（　　）。

A. 灯光总开关上　　B. 制动踏板后部

C. 自动换挡器上　　D. 以上都不对

4. 制动灯在汽车上的安装位置在（　　）。

A. 车辆左后侧　　B. 车辆右后侧

C. 后风挡玻璃上方　　D. 以上都对

5. 制动灯不亮的故障原因可能是（　　）。

A. 制动开关损坏　　B. 灯泡搭铁不良

C. 熔丝损坏　　D. 以上都对

6. 对于液压式制动开关，踩下制动踏板时，（　　），触片接通接线柱制动灯，通电发亮。

A. 制动系统压力增大、膜片向下弯曲　　B. 制动系统压力增大、膜片向上弯曲

C. 制动系统压力减小、膜片向下弯曲　　D. 制动系统压力减小、膜片向上弯曲

三、判断题

1. 制动开关被安装在制动踏板支架上，踩下制动踏板时开关接通，制动灯点亮。（　　）

2. 某车辆只有左后制动灯不能正常点亮，故障原因可能是制动开关损坏。（　　）

3. 制动灯的作用是在汽车减速制动时，提醒后方车辆注意减速，防止后方车辆追尾。（　　）

4. 检测制动灯灯泡是否损坏时可以用万用表欧姆挡测量灯泡电阻。（　　）

5. 车辆的制动灯应能在白天距其 100 m 处观察到工作状态，制动灯的发光强度应明显大于尾灯。（　　）

6. 在液压式制动开关制动时，制动压缩空气推动橡胶膜片向上弯曲，使触点闭合，接通制动信号灯电路。（　　）

7. 机械式制动开关内有复位弹簧、触片等，当驾驶员踩下制动踏板时，踏板会因自身的位移释放出一个行程空间，制动开关在复位弹簧的作用下移动推杆，使触片接合，信号或电流被直接输出。（　　）

四、简答题

1. 简述制动灯的控制原理。

2. 简述制动灯故障的排除思路。

3. 简述制动灯故障部件更换的注意事项。

任务九　后部灯光总成检查与更换

一、填空题

1. 后部灯光总成内包含多个光源，一般由________、________等组成，能够实现多种信号功能，其中包括________、________、________、________、________、________________等。

2. 制动灯在车辆进行制动时点亮，主要用于提醒________________。

3. 雾灯在车尾的________或者是________。

4. 国家标准规定后雾灯数量可以是________或________，如果只配备一个雾灯，要装在行驶方向的________。

5. 雾灯开关的样式有________、________、________等。

6. 倒车灯装于汽车尾部，用于在车辆倒车时__________________，并提醒汽车后方的________________________。

二、选择题

1. 车辆示宽灯点亮时的颜色是（　　）。

A. 白色　　B. 黄色

C. 红色　　D. 车前为白色，车后为红色

2. 车辆示宽灯不亮的故障原因可能是（　　）。

A. 灯光开关损坏

B. 示宽灯继电器损坏

C. 示宽灯熔断器损坏或搭铁点搭铁不良

D. 以上都对

3. 汽车倒车灯的颜色是（　　）。

A. 黄色　　B. 橙色　　C. 红色　　D. 白色

4.（　　）可以控制新能源电动汽车倒车灯继电器的吸合。

A. 电子换挡器　　B. 倒车灯开关　　C. 灯光组合开关　　D. 以上都不对

5. 倒车灯不亮时可能的故障点是（　　）。

A. 熔断器　　B. 电子换挡器　　C. 倒车灯继电器　　D. 以上都对

6. 检测倒车灯继电器时，需要（　　）。

A. 连接继电器三通

B. 换挡杆换入倒车挡

C. 检查倒车灯继电器各端子的电压

D. 以上都对

7. 后雾灯和前雾灯的颜色分别为（　　）。

A. 红色、黄色　　B. 黄色、白色　　C. 红色、红色　　D. 黄色、黄色

8. 国家标准对汽车转向灯的安装位置与数量都做了明确的规定，普通家用车至少要有（　　）个转向灯。

A. 2　　B. 4　　C. 6　　D. 8

9. 下列选项中不属于后部灯光总成损坏形式的是（　　）。

A. 后部灯光总成有划痕　　B. 后部灯光总成有裂痕

C. 后部灯光总成破损　　D. 后部灯光总成发黄

三、判断题

1. 位置灯就是车辆示宽灯，也称示廓灯，是汽车上安装的用于指示车宽的车灯。（　　）

2. 日间行车灯就是车辆示宽灯。（　　）

3. 若某车只有左前方示宽灯不亮，故障点可能是示宽灯开关。（　　）

4. 若某车只有右后方示宽灯不亮，故障原因可能是右后方示宽灯灯泡损坏。（　　）

5. 将灯光开关打开至示宽灯挡位，用万用表测量电压的方法可以诊断灯光开关是否损坏。（　　）

6. 将万用表调至欧姆挡，红色和黑色表笔分别接灯泡的两个端子，阻值应符合规定值，否则说明示宽灯灯泡损坏。（　　）

7. 新能源电动汽车取消了倒车灯开关。（　　）

8. 若只有左侧的倒车灯不亮，那故障原因可能是电子换挡器损坏。（　　）

9. 若右侧倒车灯灯光变暗，可能是因为右侧倒车灯灯泡的搭铁点搭铁不良。（　　）

10. 可以用万用表测量电压的方法诊断倒车灯电源线路是否正常。（　　）

11. 电子换挡器通过控制倒车灯继电器线圈的电流通断来控制倒车灯。（　　）

12. 根据国家标准《汽车及挂车外部照明和光信号装置的安装规定》（GB 4785—

2007），汽车必须安装前雾灯。（ ）

13. 只有先打开示宽灯，才能打开雾灯。（ ）

14. 在拆卸后部灯光总成时，整车处于“OFF”状态，启用驻车制动。（ ）

四、简答题

1. 危险警告信号应在哪些情况下使用？

2. 简述后部灯光总成的检查项目。

3. 简述后部灯光总成更换的注意事项。

4. 简述后部灯光总成的拆卸流程。

5. 简述后部灯光总成的安装流程。

情境三 辅助电气系统检修

任务十　雨刮系统故障检修

一、填空题

1. 雨刮系统一般具有前、后风窗的__________与__________两种功能，由安装在方向盘右侧的刮水控制组件控制。

2. 雨刮器可用来直接刮除______________上的______________等污物，保持驾驶员视线的清晰。

3. 雨刮系统通常包括________、________、________、________，有些车型还具有自动雨刮功能。

4. 在雨刮系统中，洗涤系统通过____________、____________实现洗涤功能。

5. 洗涤功能主要通过______________配合______________完成清洗，有些车型还具有前照灯清洗功能。

6. 雨量传感器一般由______________________和______________________组成，通过检测从风窗玻璃处反射的________实现信号采集。

7. 只有当一键启动开关位于“__________”模式时，雨刮器与洗涤器才能工作。

8. 向上转动后雨刮器旋钮开关到“__________”位置时，后雨刮器开启并以一定的频率进行刮刷动作；转到“__________”位置后停止。

9. 车身控制器（BCM）通过控制__________的运行来实现对前雨刮器的控制；后雨刮器通过______________控制；通过直接控制______________可实现洗涤喷水控制。

10. 雨刮系统的常见故障有______________、______________、______________、____________________等。

二、选择题

1. 雨刮器间歇工作是由（　　）控制的。

A. 手动开关　　B. 间歇继电器　　C. 启动继电器　　D. 点火开关

2. 将雨刮器操纵杆拨至（　　）挡，前雨刮器处于间歇刮刷状态。

A. HI　　B. MIST　　C. LO　　D. INT

3. 雨刮系统间歇时间调节旋钮控制的刮刷间歇时间共分为四级，其中（　　）。

A. 间歇时间最短的是 4 级，间歇时间最长的是 1 级

B. 间歇时间最短的是 1 级，间歇时间最长的是 4 级

C. 间歇时间最短的是 5 级，间歇时间最长的是 1 级

D. 间歇时间最短的是 1 级，间歇时间最长的是 5 级

4. 前雨刮器处于工作状态时，挡位切换到“R”挡超过（　　）s，后雨刮器将自动开启。

A. 4　　B. 3　　C. 2　　D. 1

5. 诊断雨刮系统故障时，应检查雨刮系统熔断器 EF19/20 A 是否熔断，如未熔断，测量熔断器电阻，应小于（　　）Ω。

A. ∞　　B. 5　　C. 3　　D. 1

三、判断题

1. 晴天刮除挡风玻璃上的灰尘时，应先接通雨刮器，再接通洗涤器。（　　）

2. 汽车雨刮器的自动停位机构确保了雨刮器工作结束时将雨刮片停在合适位置。（　　）

3. 在雨刮系统中，驱动电机（雨刮电机和洗涤泵）产生动力，通过机械传动机构带动雨刮片实现前、后风窗的清洁。（　　）

4. 在雨刮动作的过程中，如果一键启动开关不在“ON”模式，雨刮立即停止动作，

待下一次变为“ON”模式时，回到初始位置。（　　）

5. 检查雨刮臂固定螺母时，规定标准拧紧力矩为 10 N · m 。（　　）

6. 以 12 V 电源短接雨刮继电器 1—2 针脚，3—5 针脚应导通，3—4 针脚应断开。（　　）

7. 测量雨刮电机搭铁线与车身电阻时，如果搭铁线没有松动、锈蚀，电阻应小于 1 Ω。（　　）

四、简答题

1. 简述雨刮系统常规检查的内容。

2. 简述雨刮片的拆卸与安装步骤。

任务十一　组合仪表检测与更换

一、填空题

1. 汽车仪表按其结构原理的不同可大致分为三代：第一代汽车仪表是＿＿＿＿＿＿，第二代汽车仪表是＿＿＿＿＿＿＿＿，第三代汽车仪表是＿＿＿＿＿＿＿。

2. 目前全数字仪表使用的显示器主要有＿＿＿＿＿＿＿＿＿、＿＿＿＿＿＿＿和＿＿＿＿＿＿＿＿＿＿＿＿三种。

3. 在新能源纯电动汽车上，由于没有发动机，仪表盘主要包括＿＿＿＿＿＿＿、＿＿＿＿＿、＿＿＿＿＿、＿＿＿＿＿＿＿、＿＿＿＿＿＿＿和＿＿＿＿＿＿＿。

4. 为了显示汽车各个系统的工作状况，防止＿＿＿＿＿＿＿＿，及时直观地提醒驾驶员注意，保证行车安全，车辆中均设置了＿＿＿＿＿和＿＿＿＿＿，以及提供＿＿＿＿＿＿＿＿＿的蜂鸣器。

5. 常规仪表的各个显示系统均由＿＿＿＿接收信号后传输到仪表中，再通过仪表的＿＿＿＿或＿＿＿＿感应元件显示出来。

6. 电子式车速里程表主要由＿＿＿＿、＿＿＿＿、＿＿＿＿和＿＿＿＿四部分组成。

7. 汽车组合仪表显示内容总体可分为＿＿＿＿＿和＿＿＿＿＿两类。

二、选择题

1. 车速传感器输出的信号经（　　）分频后，再经功率放大器放大到足够驱动步进电机，带动数字轮转动，从而记录行驶的里程。

A. 32　　B. 64　　C. 128　　D. 168

2. 下列选项中属于汽车仪表信号传输方式的是（　　）。

A. 信号传输方式　　B. 信息传输方式

C. 传感器传输方式　　D. 数据总线传输方式

3. 下列选项中不属于仪表定性显示内容的是（　　）。

A. 远光指示灯　　B. 驻车制动警告灯

C. 充电指示灯　　D. 气压表

4. 下列选项中不属于仪表定量显示内容的是（　　）。

A. 电流表　　B. 转速表　　C. 车速里程表　　D. 制动液位警报灯

5.（　　）不是组合开关发送的传输信号。

A. 左右转信号指示灯　　B. 小灯开关信号

C. 前后雾灯开关信号　　D. 远光灯开关信号

三、判断题

1. 车门状态指示灯是显示车门是否完全关闭的指示灯，车门打开或未能关闭时，相应的指示灯亮起，提示车主车门未关好，车门关闭后指示灯熄灭。（　　）

2. 当驻车制动手柄（即手刹）被拉起时，驻车指示灯不亮；当手刹被放下时，该指示灯自动亮起。（　　）

3. 蓄电池指示灯用于显示蓄电池的工作状态。（　　）

4. 制动摩擦片磨损报警灯用于显示制动摩擦片的磨损情况，正常情况下此灯熄灭，此灯点亮时提示车主应及时更换故障或磨损过度的制动摩擦片，修复后此灯熄灭。（　　）

5. 安全气囊指示灯用于显示安全气囊的工作状态，接通电源后点亮，3~4 s 后熄灭，表示系统正常。若指示灯不亮或常亮表示系统存在故障。（　　）

6. ABS 指示灯在接通电源后点亮，3~4 s 后熄灭，表示系统正常。若指示灯不亮或长亮则表示系统故障，此时可以继续高速行驶，随时紧急刹车。（　　）

7. 清洗液不足报警灯用于显示风窗玻璃清洗液的存量，如果清洗液即将耗尽，该灯点亮，提示车主及时添加清洗液。添加清洗液后，该灯熄灭。（　　）

8. 转向指示灯亮时，相应的转向灯按一定频率闪烁。打开危险警告信号开关时，所有转向灯同时亮起。转向灯熄灭后，指示灯自动熄灭。（　　）

9. 远光指示灯可显示前照灯是否处于远光状态，通常情况下该指示灯为熄灭状态，在远光灯接通和使用远光灯瞬间点亮功能时亮起。（　　）

10. 安全带指示灯用于显示安全带的状态，安全带未系好时灯会亮起数秒进行提示，或者直到系好安全带才熄灭，有的车还会有声音提示。（　　）

11. 内循环指示灯用于显示车辆空调系统的工作状态，平时为熄灭状态。（　　）

12. 示宽指示灯用于显示车辆示宽灯的工作状态，平时为熄灭状态，当示宽灯打开时，该指示灯随即点亮。（　　）

13. 全数字仪表使用一整块液晶显示屏取代了传统的指针和刻度表，所有的信息都通过一块显示屏显示出来。（　　）

14. 转速传感器信号送到电子控制单元（ECU），电子控制单元将其处理成数字信号，并发送到数据总线上，组合仪表接收到该信号并进行处理后，直接驱动转速表进行显示。（　　）

四、简答题

1. 简述汽车仪表的功能。

2. 简述全数字仪表的优点。

3. 简述组合仪表的拆卸流程。

4. 简述组合仪表的安装流程。

5. 简述组合仪表拆装的注意事项。

任务十二　无钥匙进入系统故障检修

一、填空题

1. 无钥匙进入系统简称____________系统，采用___________________________和______________________，并融合了遥控系统，实现双重射频、双重防盗保护。

2. 无钥匙进入系统具有防盗报警功能，在防盗警戒状态下，由____________或____________触发后系统开始报警，电子喇叭鸣叫________s，转向灯闪烁______min。

3. 无钥匙进入系统通常由____________、____________、____________、车身控制单元及相关线束组成。

4. 无钥匙进入系统车辆的前门把手主要由__________、__________、________、__________和__________等组成。

5. 无钥匙进入系统车辆天线的有效工作范围是：使用遥控钥匙解锁、闭锁车辆时不超过______m，寻车时不超过______m，无钥匙进入时小于________m。

6. 微动开关是电容式的，集成在__________内。

7. 智能钥匙一般集成了传统的机械钥匙和遥控功能，由________、________、__________________三个接收器及相关线束组成。

二、选择题

1. 下列选项中不属于无钥匙进入系统功能的是（　　）。

A. 无钥匙进入功能

B. 自动升窗与设防功能

C. 无线遥控功能

D. 防盗功能

2. 对于有无钥匙进入系统的车辆，当钥匙离开车体（　　）m 时，车门自动上锁并进入防盗警戒状态，此时转向灯闪烁 1 次，喇叭响一短声。

A. 2 ~ 6　　B. 2 ~ 3　　C. 3 ~ 5　　D. 4 ~ 6

3. 对于有无钥匙进入系统的车辆，车辆左前门、右前门与行李箱对钥匙的有效检测距离不大于（　　）m 时，才能使用钥匙对车门与行李箱进行自动开锁、上锁操作。

A. 0.5　　B. 1　　C. 1.5　　D. 2

4. 对于有无钥匙进入系统的车辆，车主寻车时，按寻车按键，电子喇叭响（　　）声，转向灯闪烁（　　）次；若主机检测到钥匙或接收到开门信号，则自动终止寻车功能。

A. 4　8　　B. 8　8　　C. 4　4　　D. 6　6

5. 对于有无钥匙进入系统的车辆，使用无线遥控功能时，无线遥控距离不大于（　　）m。

A. 10　　B. 15　　C. 20　　D. 25

6. 下列选项中属于天线工作方式的是（　　）。

A. 接收无线电信号，给收音机提供信号

B. 必要时检测智能钥匙，由蓄电池供电

C. 通过微动开关唤醒，再进行智能钥匙检测

D. 以上都对

7. 对于装有微动开关的车辆，在更换车门外部门把手时，门把手内侧不能刷油漆，门把手外侧应遵守（　　）μm 的油漆厚度标准，否则探测会出现问题。

A. 10 ~ 20　　B. 20 ~ 30　　C. 30 ~ 40　　D. 20 ~ 50

三、判断题

1. 当车门解锁后，PKE 控制单元使车外天线仍继续发射低频智能钥匙检测信号。（　　）

2. 天线用于识别、检测车外智能钥匙信号，安装位置分别是两个前门把手内部和后保险杠内。（　　）

3. 微动开关因其触电间距比较小而得名，又称灵敏开关，电气文字符号为 SM。（　　）

4. 微动开关有两种形式，一种是电磁式，另一种是接触式。（　　）

5. 以吉利帝豪车型为例，PEPS 系统由 PEPS 控制单元、2 个前门把手总成、电子转向柱锁、车身控制单元（BCM）、点火开关、3 个室内天线、整车控制单元及智能钥匙等组成。（　　）

6. 对于长安福特蒙迪欧制胜轿车的无钥匙启动系统，踩下制动踏板，按下启动按钮“POWER”，可以接通点火电路。（　　）

7. 丰田轿车的智能进入 / 启动系统包括以下部件：电源控制 ECU、发动机开关、钥匙孔、钥匙、ACC 继电器、IG1 继电器、IG2 继电器、收发器 ECU 和转向锁 ECU 等。（　　）

四、简答题

1. 简述无钥匙进入系统的控制原理。

2. 简述无钥匙进入系统的检测流程。

3. 简述微动开关的工作原理。

4. 简述智能钥匙的工作原理。

5. 简述凌志 GS430/300 轿车的应急启动方法。

任务十三　电动车窗故障检修

一、填空题

1. 电动车窗是通过车载电源来驱动玻璃升降器电动机，使升降器带动车窗玻璃__________的装置。目前部分车型的电动车窗具备__________、__________等功能。

2. 车窗驱动电机采用__________的直流电机，分为____________和______________两种。

3. 玻璃升降器的传动机构可分为__________、__________、__________三种。

4. 电动车窗装置的主要组成部分除车窗玻璃外，还包括__________、__________、__________、__________等。

5. 玻璃升降器是指按某种驱动方式使汽车车窗玻璃沿玻璃导向槽__________或__________，并能__________________的装置。

6. 玻璃升降器按照操纵方式可分为__________________、__________________、__________________三种。

7. 玻璃升降器一般由__________、__________、____________、_______________及______________、________________等部分组成。

8. 电动车窗控制功能包括__________、__________、__________、__________、__________、门锁联动关闭等。

二、选择题

1. 电动车窗通常具有（　　）功能。

A. 手动上升　　B. 自动下降　　C. 自动上升　　D. 以上都对

2. 大多数新能源汽车电动车窗系统采用（　　）双向直流电动机。

A. 交流　　B. 永磁式　　C. 非永磁式　　D. 普通

3. 下列选项中不属于揉式玻璃升降器的是（　　）。

A. 绳轮式　　B. 带式　　C. 轮式　　D. 软轴式

4. 下列选项中不属于臂式玻璃升降器的是（　　）。

A. 独臂式　　B. 双臂式　　C. 交叉臂式　　D. 平行臂式

5. 玻璃升降器的基本工作路线是（　　）。

A. 操纵机构→升降机构→传动机构→玻璃支承机构

B. 传动机构→操纵机构→升降机构→玻璃支承机构

C. 操纵机构→传动机构→玻璃支承机构→升降机构

D. 操纵机构→传动机构→升降机构→玻璃支承机构

6. 下列电动车窗故障检测方法中正确的是（　　）。

A. 通过故障现象分析故障，缩小故障范围

B. 通过诊断仪读取故障码对故障进行分析

C. 通过诊断仪读取数据流、执行元件测试对故障进行分析

D. 以上都对

三、判断题

1. 齿轮、齿条将电动机的旋转运动变为车窗玻璃的上下运动。 ( )

2. 大多数汽车电动车窗和电动座椅使用的是双绕组串励式电机。 ( )

3. 双绕组串励式车窗驱动电机一端直接搭铁，有两组磁场绕组，通过接通不同的磁场绕组，实现不同转向，从而实现车窗玻璃的升或降。 ( )

4. 为了防止车窗驱动电机过载，在电路或电机内装有一个或多个热敏电路开关，用来控制电压过载。 ( )

5. 车窗总开关控制整个电动车窗系统，断开总开关上的锁止开关，分开关就不起作用。 ( )

6. 玻璃下降时依靠玻璃自身重力作为动力，此时驱动机构主要起限位及减缓作用。 ( )

四、简答题

1. 简述双绕组串励式直流电机电动车窗的控制电路及工作原理。

2. 简述车窗控制开关的检测方法。

3. 简述车窗驱动电机的检测方法。

4. 举例说明电动车窗故障现象及对应故障部位。

任务十四　低速提示音系统故障检修

一、填空题

1. 智能网联汽车的动力结构灵活多样，有____________形式，有____________形式，还有____________形式。

2. 低速提示音系统的工作车速应包含大于________km/h、小于或等于________km/h 的范围。

3. 低速提示音系统主要由________________、__________________及__________组成。

4. 低速提示音控制器由____________、__________________、____________、____________、____________等组成。

5. 低速提示音扬声器一般安装在______________________附近。

6. 低速提示音控制器对系统的控制功能主要有______________、______________、____________等。

7. 过压 / 欠压检测功能用于系统电压检测，可对系统____________状态发出警报。

8. 正极电源电路指低速提示音控制器的供电电路，当启动开关位于 ON 挡时，电流经由一个________A 的熔断器传输至控制器的供电针脚。

二、选择题

1. 装备了低速提示音系统的车辆在行驶时发出的噪声最大不超过（　　）dB。

A. 60　　B. 65　　C. 70　　D. 75

2. 低速提示音系统初始音量（0 km/h 和 30 km/h 时）为 50 dB，最高音量（20 km/h 时）不高于（　　）dB。

A. 50　　B. 60　　C. 65　　D. 90

3. 以下关于报警音量和车速的关系，表述正确的是（　　）。

A. 车速在 0 km/h ≤ v ≤ 30 km/h 时，报警音量随车速的增加而增加

B. 车速在 0 km/h ≤ v ≤ 20 km/h 时，报警音量随车速的增加而减小；在 20 km/h < v ≤ 30 km/h 时，报警音量随车速的增加而增加

C. 车速在 0 km/h ≤ v ≤ 30 km/h 时，报警音量随车速的增加而减小

D. 车速在 0 km/h ≤ v ≤ 20 km/h 时，报警音量随车速的增加而增加；在 20 km/h < v ≤ 30 km/h 时，报警音量随车速的增加而减小

4. 低速提示音控制器对系统有过压 / 欠压检测功能，当电压高于（　　）V 时，发出过压报警。

A. 0　　B. 5　　C. 10　　D. 16

5. 下列选项中属于当低速提示音系统网关模块节点通信丢失时产生的故障的是（　　）。

A. 网关控制器故障　　B. B-CAN 通信线路故障

C. 低速提示音控制器故障　　D. 以上都对

三、判断题

1. 车辆静止时，可以不发出低速提示音。（　　）

2. 车辆从断电状态恢复通电或启动开关从“OFF”状态再重新接通时，低速提示音系统应重新开始工作。（　　）

3. 低速提示音控制器对系统有过压 / 欠压检测功能，当电压回升至 15 V 时，取消欠压报警。（　　）

4. 低速提示音控制器通过一根负极搭铁针脚连接到一个搭铁点上，再由搭铁点经车身传输到蓄电池负极。（　　）

5. 更换低速提示音扬声器时，紧固螺栓的力矩为 9 N · m。 （ ）

6. 更换低速提示音控制器时，紧固螺母的力矩为 20 N · m。 （ ）

四、简答题

1. 简述对低速提示音扬声器功能的要求。

2. 简述车辆状态与提示音的关系。

3. 简述低速提示音控制器的更换步骤。

4. 简述低速提示音扬声器的更换步骤。

5. 简述低速提示音系统电路的检测方法。

综合试卷（一）

一、填空题（每空1分，共20分）

1. 电路是指用______将各电气元件按一定方式连接起来构成的使______流通的通路。

2. 电压不仅有大小，而且有方向。电压的方向规定为由__________________端指向__________________端，即电位降低的方向。

3. 熔断器俗称____________，在电路中起过载保护作用，当电路中的电流强度达到某个预定值时，熔断器____________而使内部熔丝熔断，从而切断电路，防止因电流过大烧坏__________________和__________________。

4. 汽车中大电流的用电设备工作时电路电流较大，为保护控制开关，通常需要加装____________，用____________控制大电流，减小控制开关的电流负荷，以保护电路中的控制开关。

5. 常见的汽车电路图主要有____________、____________、____________。

6. 按光学系统结构不同，前照灯可分为______________、__________________和____________________三种。

7. 常见闪光器有__________、__________、__________三类。

8. 转向灯配备工作指示器，可以是指示灯（视觉）或____________，或者两者兼有。

二、选择题（每题1分，共20分）

1. 近光灯不亮的故障原因可能是（　　）。

A. 前照灯熔断器损坏　　B. 灯光开关损坏

C. 近光灯继电器损坏　　D. 以上都对

2. 汽车前照灯一侧亮、另一侧暗，说明（　　）。

A. 变光开关接触不良　　B. 灯暗的一侧搭铁不良

C. 车灯开关故障　　D. 以上都对

3. 甲说远光灯灯丝应安装在反射镜的焦点上，乙说近光灯灯丝应安装在反射镜的焦点上。两人的说法中，（　　）。

A. 甲说得对　　B. 乙说得对

C. 两人说得都对　　D. 两人说得都不对

4. 制动开关的位置在（　　）。

A. 灯光总开关上　　B. 制动踏板后部

C. 自动换挡器上　　D. 以上都不对

5. 制动灯在汽车上安装在（　　）。

A. 车辆左后侧　　B. 车辆右后侧

C. 后风挡玻璃上方　　D. 以上都对

6. 车辆示宽灯不亮的故障原因可能是（　　）。

A. 灯光开关损坏

B. 示宽灯继电器损坏

C. 示宽灯熔断器损坏或搭铁点搭铁不良

D. 以上都对

7. 汽车倒车灯的颜色是（　　）。

A. 黄色　　B. 橙色　　C. 红色　　D. 白色

8. 国家标准对汽车转向灯的安装位置与数量都作了明确的规定，普通家用车至少要有（　　）个转向灯。

A. 2　　B. 4　　C. 6　　D. 8

9. 下列选项中不属于后部灯光总成损坏形式的是（　　）。

A. 后部灯光总成有划痕

B. 后部灯光总成有裂痕

C. 后部灯光总成破损

D. 后部灯光总成发黄

10. 将刮水器操纵杆拨至（　　）挡，前雨刮器处于间歇刮刷状态。

A. HI　　B. MIST　　C. LO　　D. INT

11. 下列选项中属于汽车仪表信号传输方式的是（　　）。

A. 信号传输方式　　B. 信息传输方式

C. 传感器传输方式　　D. 数据总线传输方式

12. 下列选项中不属于仪表定性显示内容的是（　　）。

A. 远光指示灯　　B. 驻车制动警告灯

C. 充电指示灯　　D. 气压表

13. 对于装有微动开关的车辆，在更换车门外部门把手时，门把手内侧不能刷油漆，门把手外侧应遵守（　　）μm 的油漆厚度标准，否则探测会出现问题。

A. 10 ~ 20　　B. 20 ~ 30　　C. 30 ~ 40　　D. 20 ~ 50

14. 大多数新能源汽车电动车窗系统采用（　　）双向直流电动机。

A. 交流　　B. 永磁式　　C. 非永磁式　　D. 普通

15. 下列选项中不属于揉式玻璃升降器的是（　　）。

A. 绳轮式　　B. 带式　　C. 轮式　　D. 软轴式

16. 下列选项中不属于臂式玻璃升降器的是（　　）。

A. 独臂式　　B. 双臂式

C. 交叉臂式　　D. 平行臂式

17. 以下关于报警音量和车速的关系，表述正确的是（　　）。

A. 车速在 0 km/h ≤ v ≤ 30 km/h 时，报警音量随车速的增加而增加

B. 车速在 0 km/h ≤ v ≤ 20 km/h 时，报警音量随车速的增加而减小；在 20 km/h < v ≤ 30 km/h 时，报警音量随车速的增加而增加

C. 车速在 0 km/h ≤ v ≤ 30 km/h 时，报警音量随车速的增加而减小

D. 车速在 0 km/h ≤ v ≤ 20 km/h 时，报警音量随车速的增加而增加；在 20 km/h < v ≤ 30 km/h 时，报警音量随车速的增加而减小

18. 低速提示音控制器对系统有过压 / 欠压检测功能，当过压后电压回落至（　　）V 时，取消过压报警。

A. 5　　B. 10　　C. 20　　D. 15

19. 玻璃升降器的基本工作路线是（　　）。

A. 操纵机构→升降机构→传动机构→玻璃支承机构

B. 传动机构→操纵机构→升降机构→玻璃支承机构

C. 操纵机构→传动机构→玻璃支承机构→升降机构

D. 操纵机构→传动机构→升降机构→玻璃支承机构

20. 下列元件中，不能直接连接在电源两端的是（　　）。

A. 用电器　　B. 电压表　　C. 电流表　　D. 电阻器

三、判断题（每题 2 分，共 20 分）

1. 万用表分为两种，一种是指针式万用表，另一种是数字式万用表。目前应用较多的是数字式万用表。（　　）

2. 指针式万用表利用一个在所测数值相关刻度上摆动的弹簧指针来显示所测数据，所测数据与表内已知数据相对照得到测量结果，并反映在表盘上，其特点是能够直观地反映出所测数值的大小并进行对比，其测量结果更精确、更直观。（　　）

3. 回路中的电阻，不论有多少，都可以等效为一个电阻，而不影响原回路两端的电压和回路中电流的变化。（　　）

4. 由于车型不同，熔断器盒的安装位置也不同，通常安装在驾驶室踏板附近、仪表台两侧、蓄电池附近。（　　）

5. 使用万用表电阻挡检测断电状态下熔断器的电阻值时，正常值应为∞，否则表明熔断器损坏，应更换。（　　）

6. 虚接时，导线与导线之间接触不良引起电阻过小，致使电压下降或不稳定，负载无法正常工作或信号线信号传输错误。（　　）

7. 负载供电端子电压为 0 V 时表示供电电路存在短路。（　　）

8. 发现电解液面过低时应及时添加标准电解液。（　　）

9. 配制电解液时，应将蒸馏水快速倒入浓硫酸中，不要搅拌。（　　）

10. 危险警告信号与转向灯可以同时工作。（　　）

四、名词解释（每题 2 分，共 10 分）

1. 串联电路

2. 并联电路

3. 电压

4. 电流

5. 欧姆定律

五、简答题（每题 6 分、共 30 分）

1. 简述电阻的测量方法。

2. 简述熔断器的检测方法。

3. 简述电路图的拆画步骤。

4. 简述辅助蓄电池的工作原理。

5. 简述转向灯电路的工作原理。

综合试卷（二）

一、填空题（每空 1 分，共 20 分）

1. 电路一般由电源、______、______、导线等组成。

2. 熔断器由熔断体、____________、____________三部分组成。不同的熔断器上会标识不同的____________，这也代表着熔断器的不同型号。

3. 汽车电路按其用途不同可分为____________、____________、____________、____________、____________、辅助电器电路、电子控制系统电路等。

4. 剥线钳是用来____________________的工具，还可以用来剪切导线。

5. 配光镜又称__________，它由______________压制而成，由很多块特殊的棱镜和透镜组合而成，几何形状比较复杂，外形一般为______和矩形。

6. 制动灯多为组合灯具，一般与______共用双灯丝灯泡，功率为______W 左右。

7. 制动开关的类型有磁电式制动开关、机械式制动开关、________________、______________。

8. 制动灯的常见故障主要有：______________________________；踩下制动踏板，一侧制动灯不亮；踩下制动踏板，高位制动灯不亮；__________________。

二、选择题（每题 1 分，共 20 分）

1. 在先串后并的混联电路中，电流分配满足并联电路的分流规律，通过各支路电路的电流跟它的电阻成（　　）关系。

A. 正比　　B. 反比　　C. 等于　　D. 以上都不对

2. 根据混联电路连接方式和串、并联电路电阻特点分析混联电路电阻时，可采用（　　）法进行分析。

A. 等效电压　　B. 等效电阻　　C. 等效电流　　D. 以上都不对

3. 灰色插片式熔断器的额定电流为（　　）A。

A. 1　　B. 2　　C. 3　　D. 4

4. 某电路中用电器的工作电流为 12 A，则应选用额定电流为（　　）A 的熔断器。

A. 10　　B. 12　　C. 15　　D. 20

5. 在汽车中电流的磁效应应用非常广泛，下列元器件中没有运用电流的磁效应的是（　　）。

A. 点火线圈　　B. 喇叭　　C. 继电器　　D. 起动机

6. 汽车电路发生短路相当于电源未经过负载而直接由导线接通成（　　）。

A. 开合回路　　B. 开合通路　　C. 闭合回路　　D. 闭合通路

7.（　　）相当于用一根导线把用电器两端连接起来。

A. 用电器短路　　B. 开关短路　　C. 电源短路　　D. 控制器短路

8. 在新能源汽车电路中，如果开关被短路，则（　　）。

A. 负载会因为电压过高直接烧坏

B. 可能导致负载始终处于工作状态

C. 会导致电源正极与负极直接导通，烧蚀熔断器

D. 可能导致信号错误，系统无法正常工作

9. 下列选项中不属于汽车电路检修工具的是（　　）。

A. 千分表　　B. 免破线工具　　C. 探针　　D. 测电笔

10. 在新能源汽车电路中，下列故障会造成负载无法工作的是（　　）。

A. 导线断裂或熔断器熔断　　B. 开关触点无法接触

C. 继电器触点无法接触　　D. 以上都对

11. 通过免维护蓄电池观察窗看到绿色圆点，说明该电池（　　）。

A. 存电充足　　B. 存电不足　　C. 电池故障　　D. 不能确定

12. 下列选项中，关于蓄电池保养做法错误的是（　　）。

A. 保持蓄电池表面清洁

B. 保持电解液的液面高于极板 10 ~ 15 mm

C. 使蓄电池处于充足电状态

D. 电解液的液面低时补充纯净水

13. 在车上安装蓄电池时应（　　）。

A. 先接火线，再接搭铁线　　B. 随意接线

C. 先接搭铁线，再接火线　　D. 同时接搭铁线和火线

14. 如果蓄电池电解液溅入眼内，应使用（　　）清洗。

A. 水　　B. 硫酸铅

C. 碳酸氢钠和水　　D. 海绵状铅

15. 在蓄电池充电过程中，蓄电池温度超过 40 ℃时，技师 A 说蓄电池过充电，充电电流应减小；技师 B 说热是正常的，不必在意。两人的说法中，（　　）。

A. 只有技师 A 说得对　　B. 只有技师 B 说得对

C. 技师 A 和技师 B 说得都对　　D. 技师 A 和技师 B 说得都不对

16. 前照灯反射镜的作用是（　　）。

A. 防眩目　　B. 使光亮度增强，照距更远

C. 使照射光形合理　　D. 散热

17. 下列选项中不属于光源的是（　　）。

A. 白炽灯　　B. 光敏二极管　　C. 发光二极管　　D. 卤钨灯

18. 下列选项中不属于防眩目措施的是（　　）。

A. 采用双丝灯泡　　B. 设小灯、大灯

C. 采用非对称配光形式　　D. 近光灯灯丝下方设配光屏

19. 转向灯闪光频率一般为（　　）次 /min。

A. 60 ～ 120　　B. 45 ～ 60　　C. 100 ～ 120　　D. 40 ～ 80

20. 转向灯光色均采用（　　），其开关独立于其他灯具。

A. 红色　　B. 琥珀色　　C. 白色　　D. 黄色

三、判断题（每题 2 分，共 20 分）

1. 位置灯就是车辆示宽灯，也称示廓灯，是汽车上安装的用于指示车宽的车灯。（　　）

2. 日间行车灯就是车辆示宽灯。 ( )

3. 只有先打开示宽灯，才能打开雾灯。 ( )

4. 在拆卸后部灯光总成时，整车处于“OFF”状态，启用驻车制动。 ( )

5. 如果在雨刮动作过程中，一键启动开关不在“ON”模式，雨刮器立即停止动作，待下一次变为“ON”模式时，回到初始位置。 ( )

6. 检查雨刮臂固定螺母时，规定标准拧紧力矩为 10 N · m 。 ( )

7. ABS 指示灯在接通电源后点亮，3~4 s 后熄灭，表示系统正常。若指示灯不亮或长亮则表示系统故障，此时可以继续高速行驶，随时紧急刹车。 ( )

8. 清洗液不足报警灯是显示风窗玻璃清洗液存量的指示灯，如果清洗液即将耗尽，该灯点亮，提示车主及时添加清洗液。添加清洗液后，该灯熄灭。 ( )

9. 对于长安福特蒙迪欧制胜轿车的无钥匙启动系统，踩下制动踏板，按下启动按钮“POWER”，可以接通点火电路。 ( )

10. 丰田轿车的智能进入 / 启动系统包括以下部件：电源控制 ECU、发动机开关、钥匙孔、钥匙、ACC 继电器、IG1 继电器、IG2 继电器、收发器 ECU 和转向锁 ECU 等。 ( )

四、名词解释（每题 2 分，共 10 分）

1. 欧姆定律

2. 电功率

3. 电流的磁效应

4. 并联电路

5. 电压

五、简答题（每题 5 分，共 30 分）

1. 简述制动灯的控制原理。

2. 危险警告信号应在哪些情况下使用?

3. 简述雨刮片的拆卸与安装步骤。

4. 简述汽车仪表的功能。

5. 简述无钥匙进入系统的控制原理。

6. 简述车窗控制开关的检测方法。